RUTH. רות

I.

1 וַיְהִ֗י[1] בִּימֵי֙ שְׁפֹ֣ט הַשֹּׁפְטִ֔ים וַיְהִ֥י רָעָ֖ב בָּאָ֑רֶץ וַיֵּ֨לֶךְ
אִ֜ישׁ מִבֵּ֧ית לֶ֣חֶם יְהוּדָ֗ה לָגוּר֙ בִּשְׂדֵ֣י מוֹאָ֔ב ה֥וּא[2] וְאִשְׁתּ֖וֹ
2 וּשְׁנֵ֥י בָנָֽיו׃ וְשֵׁ֣ם הָאִ֣ישׁ אֱֽלִימֶ֡לֶךְ וְשֵׁם֩ אִשְׁתּ֨וֹ נָעֳמִ֜י וְשֵׁ֥ם[1]
שְׁנֵֽי־בָנָ֣יו ׀ מַחְל֤וֹן וְכִלְיוֹן֙ אֶפְרָתִ֔ים מִבֵּ֥ית לֶ֖חֶם יְהוּדָ֑ה
3 וַיָּבֹ֥אוּ שְׂדֵי־מוֹאָ֖ב וַיִּֽהְיוּ־שָֽׁם׃ וַיָּ֥מָת אֱלִימֶ֖לֶךְ אִ֣ישׁ נָעֳמִ֑י
4 וַתִּשָּׁאֵ֥ר הִ֖יא[1] וּשְׁנֵ֥י בָנֶֽיהָ׃ וַיִּשְׂא֣וּ לָהֶ֗ם נָשִׁים֙ מֹֽאֲבִיּ֔וֹת
שֵׁ֤ם הָֽאַחַת֙ עָרְפָּ֔ה וְשֵׁ֥ם הַשֵּׁנִ֖ית ר֑וּת וַיֵּ֥שְׁבוּ שָׁ֖ם כְּעֶ֥שֶׂר[1]
5 שָׁנִֽים׃ וַיָּמ֥וּתוּ גַם־שְׁנֵיהֶ֖ם מַחְל֣וֹן וְכִלְי֑וֹן וַתִּשָּׁאֵר֙ הָֽאִשָּׁ֔ה
6 מִשְּׁנֵ֥י יְלָדֶ֖יהָ וּמֵאִישָֽׁהּ׃ וַתָּ֤קָם הִיא֙[1] וְכַלֹּתֶ֔יהָ וַתָּ֖שָׁב
מִשְּׂדֵ֣י מוֹאָ֑ב כִּ֤י שָֽׁמְעָה֙ בִּשְׂדֵ֣ה מוֹאָ֔ב כִּֽי־פָקַ֤ד יְהוָה֙
7 אֶת־עַמּ֔וֹ לָתֵ֥ת לָהֶ֖ם לָֽחֶם׃ וַתֵּצֵ֗א מִן־הַמָּקוֹם֙ אֲשֶׁ֣ר
הָיְתָה־שָׁ֔מָּה וּשְׁתֵּ֥י כַלֹּתֶ֖יהָ עִמָּ֑הּ וַתֵּלַ֣כְנָה בַדֶּ֔רֶךְ לָשׁ֖וּב
8 אֶל־אֶ֥רֶץ יְהוּדָֽה׃ וַתֹּ֤אמֶר נָעֳמִי֙ לִשְׁתֵּ֣י כַלֹּתֶ֔יהָ לֵ֣כְנָה

I, **1** [1] § 118 *c* N | [2] § 146 *c* ‖ **2** [1] § 136 *l* ‖ **3** [1] § 146 *c* ‖ **4** [1] § 133 *g* ‖ **6** [1] § 146 *c*

שֹׁ֫בְנָה אִשָּׁה לְבֵית אִמָּהּ[1] יַעֲשֶׂה[2] יְהוָה עִמָּכֶם[3] חֶסֶד
9 כַּאֲשֶׁר עֲשִׂיתֶם[4] עִם־הַמֵּתִים וְעִמָּדִי׃ יִתֵּן יְהוָה לָכֶם[1]
וּמְצֶאןָ[2] מְנוּחָה אִשָּׁה בֵּית[3] אִישָׁהּ וַתִּשַּׁק לָהֶן וַתִּשֶּׂאנָה
10 קוֹלָן[4] וַתִּבְכֶּינָה׃ וַתֹּאמַרְנָה־לָּהּ[1] כִּי־אִתָּךְ נָשׁוּב לְעַמֵּךְ׃
11 וַתֹּאמֶר נָעֳמִי שֹׁבְנָה בְנֹתַי לָמָּה תֵלַכְנָה[1] עִמִּי הַעוֹד־לִי
12 בָנִים בְּמֵעַי וְהָיוּ[2] לָכֶם לַאֲנָשִׁים׃ שֹׁבְנָה בְנֹתַי לֵכְןָ כִּי
זָקַנְתִּי מִהְיוֹת לְאִישׁ כִּי אָמַרְתִּי יֶשׁ־לִי תִקְוָה גַּם הָיִיתִי
13 הַלַּיְלָה לְאִישׁ וְגַם יָלַדְתִּי בָנִים[1]׃ הֲלָהֵן[1] ׀ תְּשַׂבֵּרְנָה עַד
אֲשֶׁר יִגְדָּלוּ הֲלָהֵן[1] תֵּעָגֵנָה לְבִלְתִּי הֱיוֹת לְאִישׁ אַל[2]
בְּנֹתַי כִּי־מַר־לִי[3] מְאֹד מִכֶּם כִּי־יָצְאָה בִי יַד־יְהוָה׃
14 וַתִּשֶּׂנָה[1] קוֹלָן וַתִּבְכֶּינָה עוֹד וַתִּשַּׁק עָרְפָּה לַחֲמוֹתָהּ
15 וְרוּת דָּבְקָה[2] בָּהּ׃ וַתֹּאמֶר הִנֵּה שָׁבָה יְבִמְתֵּךְ אֶל־עַמָּהּ
16 וְאֶל־אֱלֹהֶיהָ שׁוּבִי[1] אַחֲרֵי יְבִמְתֵּךְ׃ וַתֹּאמֶר רוּת אַל־
תִּפְגְּעִי־בִי לְעָזְבֵךְ לָשׁוּב מֵאַחֲרָיִךְ כִּי אֶל־אֲשֶׁר[1] תֵּלְכִי
אֵלֵךְ וּבַאֲשֶׁר[1] תָּלִינִי אָלִין עַמֵּךְ עַמִּי וֵאלֹהַיִךְ אֱלֹהָי׃
17 בַּאֲשֶׁר תָּמוּתִי אָמוּת וְשָׁם אֶקָּבֵר כֹּה יַעֲשֶׂה יְהוָה לִי

8 1 A πατρός | 2 K יַעֲשֶׂה, Q יַעַשׂ | 3 § 149 *b* | 4 § 150 *a* ‖ **9** 1 § 149 *b* | 2 § 177 *h* | 3 § 133 *c* | 4 § 136 *l* ‖ **10** 1 frt. l. aut add. לֹא ‖ **11** 1 § 113 *n* | 2 § 119 *i* N ‖ **12** 1 § 15 *e* ‖ **13** 1 frt. l. לָהֶם | 2 § 160 *j* | 3 § 152 *d* | 4 § 141 *i* ‖ **14** 1 § 78 *f* | 2 § 118 *f* ‖ **15** 1 Gr + καὶ σύ ‖ **16** 1 § 158 *m*

18 וְכֹה יֹסִיף[1] כִּי הַמָּוֶת יַפְרִיד בֵּינִי וּבֵינֵךְ׃ וַתֵּרֶא כִּי־
מִתְאַמֶּצֶת הִיא לָלֶכֶת אִתָּהּ וַתֶּחְדַּל לְדַבֵּר אֵלֶיהָ׃
19 וַתֵּלַכְנָה שְׁתֵּיהֶם[1] עַד־בֹּאָנָה[2] בֵּית לָחֶם וַיְהִי כְּבֹאָנָה[2]
בֵּית לֶחֶם וַתֵּהֹם[3] כָּל־הָעִיר עֲלֵיהֶן וַתֹּאמַרְנָה[4] הֲזֹאת[5]
20 נָעֳמִי׃ וַתֹּאמֶר אֲלֵיהֶן אַל־תִּקְרֶאנָה לִי נָעֳמִי קְרֶאןָ לִי
21 מָרָא כִּי־הֵמַר שַׁדַּי לִי מְאֹד׃ אֲנִי מְלֵאָה[1] הָלַכְתִּי
וְרֵיקָם[2] הֱשִׁיבַנִי יְהוָה לָמָּה תִקְרֶאנָה לִי נָעֳמִי וַיהוָה
22 עָנָה[3] בִי וְשַׁדַּי הֵרַע לִי׃ וַתָּשָׁב[1] נָעֳמִי וְרוּת הַמּוֹאֲבִיָּה
כַלָּתָהּ עִמָּהּ הַשָּׁבָה[2] מִשְּׂדֵי מוֹאָב וְהֵמָּה[3] בָּאוּ בֵּית לֶחֶם
בִּתְחִלַּת קְצִיר שְׂעֹרִים׃

II.

1 וּלְנָעֳמִי מידַע[1] לְאִישָׁהּ אִישׁ גִּבּוֹר חַיִל מִמִּשְׁפַּחַת
2 אֱלִימֶלֶךְ וּשְׁמוֹ בֹּעַז׃ וַתֹּאמֶר רוּת הַמּוֹאֲבִיָּה אֶל־נָעֳמִי
אֵלְכָה־נָּא[1] הַשָּׂדֶה וַאֲלַקֳטָה בַשִּׁבֳּלִים אַחַר אֲשֶׁר
3 אֶמְצָא־חֵן בְּעֵינָיו וַתֹּאמֶר לָהּ לְכִי[2] בִתִּי׃ וַתֵּלֶךְ וַתָּבוֹא

17 ¹ § 165 *a* N ‖ **19** ¹ multi mss. ן — | ² § 94 *h* | ³ frt. l. וַתָּהֹם | ⁴ § 155 *b* N | ⁵ § 161 *b* ‖ **20** ¹ § 89 *k*; frt. l. מָרִי ‖ **21** ¹ § 126 *a* | ² frt. l. רֵיקָה | ³ Gr Vg עִנָּה; frt. l. עָשָׂה ‖ **22** ¹ § 118 *i* | ² § 145 *e* | ³ § 149 *c*

II, **1** ¹ K מְיֻדָּע, l. Q מוֹדַע ‖ **2** ¹ § 114 *d* | ² § 114 *n*

וַתְּלַקֵּט בַּשָּׂדֶה אַחֲרֵי הַקֹּצְרִים וַיִּקֶר[1] מִקְרֶהָ חֶלְקַת
4 הַשָּׂדֶה לְבֹעַז אֲשֶׁר מִמִּשְׁפַּחַת אֱלִימֶלֶךְ׃ וְהִנֵּה־בֹעַז בָּא
מִבֵּית לֶחֶם וַיֹּאמֶר לַקּוֹצְרִים יְהוָה עִמָּכֶם[1] וַיֹּאמְרוּ לוֹ
5 יְבָרֶכְךָ יְהוָה׃ וַיֹּאמֶר בֹּעַז לְנַעֲרוֹ הַנִּצָּב עַל־הַקּוֹצְרִים
6 לְמִי הַנַּעֲרָה הַזֹּאת׃ וַיַּעַן הַנַּעַר הַנִּצָּב עַל־הַקּוֹצְרִים
וַיֹּאמַר נַעֲרָה[1] מוֹאֲבִיָּה הִיא הַשָּׁבָה[2] עִם־נָעֳמִי מִשְּׂדֵה
7 מוֹאָב׃ וַתֹּאמֶר אֲלַקֳטָה־נָּא וְאָסַפְתִּי[1] בָעֳמָרִים[2] אַחֲרֵי
הַקּוֹצְרִים וַתָּבוֹא וַתַּעֲמוֹד מֵאָז הַבֹּקֶר וְעַד־עַתָּה זֶה
8 שִׁבְתָּהּ הַבַּיִת[3] מְעָט׃ וַיֹּאמֶר בֹּעַז אֶל־רוּת הֲלוֹא שָׁמַעַתְּ[1]
בִּתִּי אַל־תֵּלְכִי לִלְקֹט בְּשָׂדֶה אַחֵר וְגַם לֹא תַעֲבוּרִי[2]
9 מִזֶּה וְכֹה[3] תִדְבָּקִין[4] עִם־נַעֲרֹתָי[5]׃ עֵינַיִךְ[1] בַּשָּׂדֶה אֲשֶׁר־
יִקְצֹרוּן[2] וְהָלַכְתְּ אַחֲרֵיהֶן[3] הֲלוֹא צִוִּיתִי אֶת־הַנְּעָרִים
לְבִלְתִּי נָגְעֵךְ[4] וְצָמִת[5] וְהָלַכְתְּ אֶל־הַכֵּלִים וְשָׁתִית מֵאֲשֶׁר
10 יִשְׁאֲבוּן הַנְּעָרִים׃ וַתִּפֹּל עַל־פָּנֶיהָ וַתִּשְׁתַּחוּ אָרְצָה וַתֹּאמֶר
אֵלָיו מַדּוּעַ מָצָאתִי חֵן בְּעֵינֶיךָ לְהַכִּירֵנִי[1] וְאָנֹכִי נָכְרִיָּה׃

3 [1] § 118 *k* ‖ **4** [1] § 163 *b* ‖ **6** [1] Gr ἡ παῖς ἡ Μωαβεῖτις | [2] § 145 *e* ‖ **7** [1] § 119 *b* | [2] frt. l. בָּעֳמָרִים | [3] Gr οὐ κατέπαυσεν ἐν τῷ ἀγρῷ; frt. l. לֹא שָׁבְתָה שַׁבָּת ‖ **8** [1] § 112 *a* | [2] § 44 *c* | [3] frt. l. כִּי | [4] § 44 *f* | [5] frt. l. נְעָרַי ‖ **9** [1] frt. praemitte תִּהְיֶינָה | [2] § 44 *e* | [3] frt. l. אחריהם | [4] § 125 *b* | [5] § 78 *g*; 166 *b* ‖ **10** [1] § 124 *l*, *s*.

11 וַיַּ֤עַן בֹּ֙עַז֙ וַיֹּ֣אמֶר לָ֔הּ הֻגֵּ֨ד הֻגַּ֜ד לִ֗י כֹּ֤ל אֲשֶׁר־עָשִׂית֙
אֶת־חֲמוֹתֵ֔ךְ אַחֲרֵ֖י מ֣וֹת אִישֵׁ֑ךְ וַתַּעַזְבִ֞י אָבִ֣יךְ וְאִמֵּ֗ךְ וְאֶ֙רֶץ֙
מוֹלַדְתֵּ֔ךְ וַתֵּ֣לְכִ֔י אֶל־עַ֕ם אֲשֶׁ֥ר לֹא־יָדַ֖עַתְּ תְּמ֥וֹל שִׁלְשֽׁוֹם׃
12 יְשַׁלֵּ֥ם יְהוָ֖ה פָּעֳלֵ֑ךְ וּתְהִ֨י מַשְׂכֻּרְתֵּ֜ךְ שְׁלֵמָ֗ה מֵעִ֤ם יְהוָה֙
13 אֱלֹהֵ֣י יִשְׂרָאֵ֔ל אֲשֶׁר־בָּ֖את לַחֲס֥וֹת[1] תַּֽחַת־כְּנָפָֽיו׃ וַ֠תֹּאמֶר
אֶמְצָא־חֵ֨ן בְּעֵינֶ֤יךָ אֲדֹנִי֙ כִּ֣י נִֽחַמְתָּ֔נִי וְכִ֥י דִבַּ֖רְתָּ עַל־לֵ֣ב
14 שִׁפְחָתֶ֑ךָ וְאָֽנֹכִי֙ לֹ֣א אֶֽהְיֶ֔ה כְּאַחַ֖ת שִׁפְחֹתֶֽיךָ׃ וַיֹּ֣אמֶר לָ֣ה[1]
בֹ֜עַז לְעֵ֣ת הָאֹ֗כֶל[2] גֹּ֤שִֽׁי[3] הֲלֹם֙ וְאָכַ֣לְתְּ מִן־הַלֶּ֔חֶם וְטָבַ֥לְתְּ
פִּתֵּ֖ךְ בַּחֹ֑מֶץ וַתֵּ֙שֶׁב֙ מִצַּ֣ד הַקּֽוֹצְרִ֔ים וַיִּצְבָּט[4]־לָ֣הּ קָלִ֔י
15 וַתֹּ֥אכַל וַתִּשְׂבַּ֖ע וַתֹּתַֽר׃ וַתָּ֖קָם לְלַקֵּ֑ט וַיְצַו֙ בֹּ֔עַז אֶת־
נְעָרָ֗יו לֵאמֹ֔ר גַּ֣ם בֵּ֧ין הָעֳמָרִ֛ים תְּלַקֵּ֖ט[1] וְלֹ֥א תַכְלִימֽוּהָ׃
16 וְגַ֛ם שֹׁל־תָּשֹׁ֥לּוּ[1] לָ֖הּ מִן־הַצְּבָתִ֑ים וַעֲזַבְתֶּ֥ם וְלִקְּטָ֖ה וְלֹ֥א
17 תִגְעֲרוּ־בָֽהּ׃ וַתְּלַקֵּ֥ט בַּשָּׂדֶ֖ה עַד־הָעָ֑רֶב וַתַּחְבֹּט֙ אֵ֣ת
18 אֲשֶׁר־לִקֵּ֔טָה וַיְהִ֖י כְּאֵיפָ֥ה[1] שְׂעֹרִֽים[2]׃ וַתִּשָּׂא֙ וַתָּב֣וֹא הָעִ֔יר
וַתֵּ֥רֶא[1] חֲמוֹתָ֖הּ אֵ֣ת אֲשֶׁר־לִקֵּ֑טָה וַתּוֹצֵא֙ וַתִּתֶּן־לָ֔הּ אֵ֥ת
19 אֲשֶׁר־הוֹתִ֖רָה מִשָּׂבְעָֽהּ׃ וַתֹּ֩אמֶר לָ֨הּ חֲמוֹתָ֜הּ אֵיפֹ֨ה

12 [1] § 68 *e* ‖ **14** [1] § 25 *a* | [2] § 15 *k* | [3] § 114 *m* | [4] Gr ἐβούνισεν; Vg *congessit sibi*; frt. l. וַיִּצְבֹּר vel וַתִּ׳ ‖ **15** [1] § 113 *l* ‖ **16** [1] § 123 *q*; frt. l. שִׁבֳּלִים תִּשְׁלוּ ‖ **17** [1] § 133 *g*; 137 *u* N | [2] cf. § 127 *d* ‖ **18** [1] Vg *ostendit*; 2 mss. וַתַּרְא אֶת־

לִקַּטְתְּ הַיּוֹם וְאָנָה[1] עָשִׂית יְהִי מַכִּירֵךְ בָּרוּךְ וַתַּגֵּד
לַחֲמוֹתָהּ אֵת אֲשֶׁר־עָשְׂתָה עִמּוֹ וַתֹּאמֶר שֵׁם הָאִישׁ
20 אֲשֶׁר עָשִׂיתִי עִמּוֹ הַיּוֹם בֹּעַז׃ וַתֹּאמֶר נָעֳמִי לְכַלָּתָהּ
בָּרוּךְ הוּא לַיהוָה[1] אֲשֶׁר לֹא־עָזַב חַסְדּוֹ אֶת־הַחַיִּים
וְאֶת־הַמֵּתִים וַתֹּאמֶר לָהּ נָעֳמִי קָרוֹב לָנוּ הָאִישׁ מִגֹּאֲלֵנוּ[2]
21 הוּא׃ וַתֹּאמֶר רוּת הַמּוֹאֲבִיָּה[1] גַּם ׀ כִּי־[2]אָמַר אֵלַי עִם־
הַנְּעָרִים אֲשֶׁר־לִי[3] תִּדְבָּקִין[4] עַד אִם־כִּלּוּ[5] אֵת כָּל־הַקָּצִיר
22 אֲשֶׁר־לִי׃ וַתֹּאמֶר נָעֳמִי אֶל־רוּת כַּלָּתָהּ טוֹב[1] בִּתִּי כִּי
23 תֵצְאִי עִם־נַעֲרוֹתָיו[2] וְלֹא יִפְגְּעוּ־בָךְ בְּשָׂדֶה אַחֵר׃ וַתִּדְבַּק
בְּנַעֲרוֹת[1] בֹּעַז לְלַקֵּט עַד־כְּלוֹת[2] קְצִיר־הַשְּׂעֹרִים וּקְצִיר
הַחִטִּים וַתֵּשֶׁב[3] אֶת־חֲמוֹתָהּ׃

III.

1 וַתֹּאמֶר לָהּ נָעֳמִי חֲמוֹתָהּ[1] בִּתִּי הֲלֹא אֲבַקֶּשׁ[2]־לָךְ

19 [1] frt. l. וְאֶת־מִי ‖ **20** [1] § 132 *f* | [2] multi mss. ־ינוּ ‖ **21** [1] πρὸς τὴν πενθερὰν αὐτῆς; frt. l. אֶל־חֲמוֹתָהּ; cf. Pš | [2] § 157 *a* N | [3] § 130 *e* | [4] § 44 *f* | [5] § 112 *i* ‖ **22** [1] § 141 *g* | [2] frt. l. נְעָרָיו; cf. v. 8 ‖ **23** [1] frt. l. בְּנַעֲרֵי; cf. v. 22 | [2] Gr συνετέλεσεν: כַּלּוֹת | [3] Vg *reversa est ad:* וַתָּשָׁב אֶל־; ita pauci mss.

III, **1** [1] A τῇ νύμφῃ αὐτῆς: לְכַלָּתָהּ | [2] § 113 *m*

2 מָנוֹחַ אֲשֶׁר יִיטַב־לָךְ׃ וְעַתָּה הֲלֹא בֹעַז מֹדַעְתָּנוּ[1] אֲשֶׁר
הָיִית אֶת־נַעֲרוֹתָיו[2] הִנֵּה־הוּא[3] זֹרֶה אֶת־גֹּרֶן הַשְּׂעֹרִים
3 הַלָּיְלָה׃ וְרָחַצְתְּ ׀ וָסַכְתְּ וְשַׂמְתְּ שִׂמְלֹתַיִךְ[1] עָלַיִךְ וְיָרַדְתִּי[2]
4 הַגֹּרֶן אַל־תִּוָּדְעִי לָאִישׁ עַד כַּלֹּתוֹ לֶאֱכֹל וְלִשְׁתּוֹת׃ וִיהִי[1]
בְשָׁכְבוֹ[2] וְיָדַעַתְּ אֶת־הַמָּקוֹם אֲשֶׁר יִשְׁכַּב־שָׁם וּבָאת
וְגִלִּית מַרְגְּלֹתָיו וְשָׁכָבְתִּי[3] וְהוּא יַגִּיד לָךְ אֵת אֲשֶׁר
5 תַּעֲשִׂין[4]׃ וַתֹּאמֶר אֵלֶיהָ כֹּל אֲשֶׁר־תֹּאמְרִי[1] אֶעֱשֶׂה׃
6-7 וַתֵּרֶד הַגֹּרֶן וַתַּעַשׂ כְּכֹל אֲשֶׁר־צִוַּתָּה חֲמוֹתָהּ׃ וַיֹּאכַל
בֹּעַז וַיֵּשְׁתְּ וַיִּיטַב לִבּוֹ וַיָּבֹא לִשְׁכַּב בִּקְצֵה הָעֲרֵמָה וַתָּבֹא
8 בַלָּט וַתְּגַל מַרְגְּלֹתָיו וַתִּשְׁכָּב׃ וַיְהִי בַּחֲצִי הַלַּיְלָה
וַיֶּחֱרַד הָאִישׁ וַיִּלָּפֵת וְהִנֵּה אִשָּׁה שֹׁכֶבֶת מַרְגְּלֹתָיו[1]׃
9 וַיֹּאמֶר מִי־אָתְּ וַתֹּאמֶר אָנֹכִי רוּת אֲמָתֶךָ[1] וּפָרַשְׂתָּ[2] כְנָפֶךָ[3]
10 עַל־אֲמָתְךָ כִּי גֹאֵל אָתָּה׃ וַיֹּאמֶר בְּרוּכָה אַתְּ לַיהוָה[1]
בִּתִּי [2]הֵיטַבְתְּ חַסְדֵּךְ הָאַחֲרוֹן מִן־הָרִאשׁוֹן לְבִלְתִּי־לֶכֶת
11 אַחֲרֵי הַבַּחוּרִים אִם־דַּל וְאִם־עָשִׁיר׃ וְעַתָּה בִּתִּי אַל־

2 [1] § 89 *b*; 94 *h* | [2] frt. l. נְעָרָיו; cf. 2, 8.22 | [3] § 102 *k* ‖ **3** [1] l. sing. שִׂמְלָתֵךְ cum multis mss. et Gr | [2] K וְיָרַדְתִּי, Q וְיָרָדְתְּ; § 42 *f* ‖ **4** [1] § 119 *z* | [2] § 65 *b* | [3] cf. v. 3 | [4] § 44 *f*; 113 *m* ‖ **5** [1] Q אֵלַי; cf. § 16 *e* ‖ **8** [1] § 126 *h* ‖ **9** [1] § 15 *k* | [2] § 119 *w* | [3] multi mss. כְּנָפֶיךָ ‖ **10** [1] § 132 *f* | [2] Gr + ὅτι: כִּי

תִּֽירְאִ֔י כֹּ֥ל אֲשֶׁר־תֹּאמְרִ֖י[1] אֶֽעֱשֶׂה־לָּ֑ךְ כִּ֤י יוֹדֵ֙עַ֙ כָּל־שַׁ֣עַר
12 עַמִּ֔י כִּ֛י אֵ֥שֶׁת חַ֖יִל אָֽתְּ׃ וְעַתָּה֙ כִּ֣י[1] אָמְנָ֔ם כִּ֥י[2] אם[3] גֹּאֵ֖ל
13 אָנֹ֑כִי וְגַ֛ם יֵ֥שׁ גֹּאֵ֖ל קָר֥וֹב מִמֶּֽנִּי׃ לִ֣ינִי[1] ׀ הַלַּ֗יְלָה וְהָיָ֤ה
בַבֹּ֙קֶר֙ אִם־יִגְאָלֵ֥ךְ[2] טוֹב֙ יִגְאָ֔ל וְאִם־לֹ֨א יַחְפֹּ֧ץ לְגָֽאֳלֵ֛ךְ
14 וּגְאַלְתִּ֥יךְ אָנֹ֖כִי חַי־יְהוָ֑ה שִׁכְבִ֖י עַד־הַבֹּֽקֶר׃ וַתִּשְׁכַּ֤ב
מַרְגְּלוֹתָו֙[1] עַד־הַבֹּ֔קֶר וַתָּ֕קָם[2] בִּטְר֛וֹם[3] יַכִּ֥יר אִ֖ישׁ אֶת־רֵעֵ֑הוּ
15 וַיֹּ֙אמֶר֙ אַל־יִוָּדַ֔ע כִּי־בָ֥אָה הָאִשָּׁ֖ה הַגֹּֽרֶן׃ וַיֹּ֜אמֶר הָ֠בִי
הַמִּטְפַּ֨חַת אֲשֶׁר־עָלַ֧יִךְ וְאֶֽחֳזִי־[1]בָ֖הּ וַתֹּ֣אחֶז בָּ֑הּ וַיָּ֤מָד שֵׁשׁ־
16 שְׂעֹרִים֙[2] וַיָּ֣שֶׁת עָלֶ֔יהָ וַיָּבֹ֖א[3] הָעִֽיר׃ וַתָּבוֹא֙ אֶל־חֲמוֹתָ֔הּ
וַתֹּ֖אמֶר מִי־אַ֣תְּ בִּתִּ֑י וַתַּ֨גֶּד־לָ֔הּ אֵ֛ת כָּל־אֲשֶׁ֥ר עָֽשָׂה־לָ֖הּ
17 הָאִֽישׁ׃ וַתֹּ֕אמֶר שֵׁשׁ־הַשְּׂעֹרִ֥ים הָאֵ֖לֶּה נָ֣תַן לִ֑י כִּ֚י אָמַ֣ר
18 [1] אַל־תָּב֥וֹאִי[2] רֵיקָ֖ם אֶל־חֲמוֹתֵֽךְ׃ וַתֹּ֜אמֶר שְׁבִ֣י בִתִּ֗י עַ֚ד
אֲשֶׁ֣ר תֵּֽדְעִ֔ין[1] אֵ֖יךְ יִפֹּ֣ל דָּבָ֑ר[2] כִּ֣י לֹ֤א יִשְׁקֹט֙ הָאִ֔ישׁ כִּֽי־
אִם־כִּלָּ֥ה הַדָּבָ֖ר הַיּֽוֹם׃

11 [1] frt. add. אֵלַי cum 10 mss.; cf. v. 5 ‖ **12** [1] frt. del. | [2] frt. del | [3] כתיב ולא קרי ‖ **13** [1] ל maiusc. | [2] § 113 *n* ‖ **14** [1] l. Q מַרְגְּלֹתָיו | [2] frt. l. וַיָּקָם | [3] K בטרום, Q בְּטֶרֶם ‖ **15** [1] § 69 *b* | [2] § 142 *n* | [3] l. וַתָּבֹא cum multis mss., Pš, Vg ‖ **17** [1] Q אֵלַי; cf. v. 5 | [2] § 114 *j* ‖ **18** [1] § 44 *f* | [2] § 137 *p* N

IV.

1 וּבֹעַז עָלָה הַשַּׁעַר וַיֵּשֶׁב שָׁם וְהִנֵּה הַגֹּאֵל עֹבֵר
אֲשֶׁר דִּבֶּר־בֹּעַז[1] וַיֹּאמֶר סוּרָה [2]שְׁבָה־פֹּה פְּלֹנִי אַלְמֹנִי
2 וַיָּסַר וַיֵּשֵׁב׃ וַיִּקַּח עֲשָׂרָה אֲנָשִׁים מִזִּקְנֵי הָעִיר וַיֹּאמֶר
3 שְׁבוּ־פֹה וַיֵּשֵׁבוּ׃ וַיֹּאמֶר לַגֹּאֵל חֶלְקַת הַשָּׂדֶה אֲשֶׁר
לְאָחִינוּ לֶאֱלִימֶלֶךְ מָכְרָה נָעֳמִי הַשָּׁבָה[1] מִשְּׂדֵה מוֹאָב׃
4 וַאֲנִי אָמַרְתִּי אֶגְלֶה אָזְנְךָ לֵאמֹר קְנֵה נֶגֶד הַיֹּשְׁבִים וְנֶגֶד[1]
זִקְנֵי עַמִּי אִם־תִּגְאַל[2] גְּאָל וְאִם־לֹא יִגְאַל[3] הַגִּידָה לִּי
וְאֵדְעָ[4] כִּי אֵין זוּלָתְךָ לִגְאוֹל וְאָנֹכִי אַחֲרֶיךָ וַיֹּאמֶר אָנֹכִי
5 אֶגְאָל[5]׃ וַיֹּאמֶר בֹּעַז בְּיוֹם־קְנוֹתְךָ הַשָּׂדֶה מִיַּד נָעֳמִי
וּמֵאֵת[1] רוּת הַמּוֹאֲבִיָּה אֵשֶׁת־הַמֵּת קָנִיתָי[2] לְהָקִים שֵׁם־
6 הַמֵּת עַל־נַחֲלָתוֹ׃ וַיֹּאמֶר הַגֹּאֵל לֹא אוּכַל לִגְאוּל[1]־לִי
פֶּן־אַשְׁחִית אֶת־נַחֲלָתִי גְּאַל־לְךָ אַתָּה אֶת־גְּאֻלָּתִי כִּי
7 לֹא־אוּכַל לִגְאֹל׃ וְזֹאת[1] לְפָנִים בְּיִשְׂרָאֵל עַל־הַגְּאוּלָּה
וְעַל־הַתְּמוּרָה לְקַיֵּם[2] כָּל־דָּבָר שָׁלַף[3] אִישׁ נַעֲלוֹ וְנָתַן

IV, **1** [1] § 158 *i* | [2] § 177 *e* ‖ **3** [1] § 145 *e* ‖ **4** [1] § 132 *g* | [2] § 113 *n* | [3] l. תִגְאַל cum multis mss, Gr Pš Vg | [4] K וְאֵדַע, l. Q וְאֵדְעָה | [5] § 112 *f* ‖ **5** [1] l. גַּם אֵת cum Pš Vg, vel וְגַם אֵת | [2] K קָנִיתִי, l. Q קָנִיתָ cum Gr Pš Vg ‖ **6** [1] ו abundat ‖ **7** [1] Gr καὶ τοῦτο τὸ δικαίωμα; frt. l. וְזֶה הַמִּשְׁפָּט | [2] § 80 *h* | [3] Gr καὶ ὑπελύετο: וְשָׁלַף; frt. l. יִשְׁלֹף.

8 לְרֵעֵהוּ וְזֹאת הַתְּעוּדָה בְּיִשְׂרָאֵל׃ וַיֹּאמֶר הַגֹּאֵל לְבֹעַז
9 קְנֵה־לָךְ וַיִּשְׁלֹף נַעֲלוֹ[1]׃ וַיֹּאמֶר בֹּעַז לַזְּקֵנִים וְכָל־הָעָם
עֵדִים אַתֶּם הַיּוֹם כִּי קָנִיתִי[2] אֶת־כָּל־אֲשֶׁר לֶאֱלִימֶלֶךְ
10 וְאֵת כָּל־אֲשֶׁר לְכִלְיוֹן וּמַחְלוֹן מִיַּד נָעֳמִי׃ וְגַם אֶת־רוּת
הַמֹּאֲבִיָּה אֵשֶׁת מַחְלוֹן קָנִיתִי לִי לְאִשָּׁה לְהָקִים שֵׁם־
הַמֵּת עַל־נַחֲלָתוֹ וְלֹא־יִכָּרֵת שֵׁם־הַמֵּת מֵעִם אֶחָיו
11 וּמִשַּׁעַר מְקוֹמוֹ עֵדִים אַתֶּם הַיּוֹם׃ וַיֹּאמְרוּ[1] כָּל־הָעָם
אֲשֶׁר־בַּשַּׁעַר וְהַזְּקֵנִים עֵדִים[1] יִתֵּן יְהוָה אֶת־הָאִשָּׁה הַבָּאָה
אֶל־בֵּיתֶךָ כְּרָחֵל ׀ וּכְלֵאָה אֲשֶׁר בָּנוּ שְׁתֵּיהֶם אֶת־בֵּית
יִשְׂרָאֵל וַעֲשֵׂה־חַיִל בְּאֶפְרָתָה וּקְרָא[2]־שֵׁם בְּבֵית לָחֶם׃
12 וִיהִי בֵיתְךָ כְּבֵית פֶּרֶץ אֲשֶׁר־יָלְדָה תָמָר לִיהוּדָה מִן־
13 הַזֶּרַע אֲשֶׁר יִתֵּן יְהוָה לְךָ מִן־הַנַּעֲרָה הַזֹּאת׃ וַיִּקַּח
בֹּעַז אֶת־רוּת וַתְּהִי־לוֹ לְאִשָּׁה וַיָּבֹא אֵלֶיהָ וַיִּתֵּן יְהוָה
14 לָהּ הֵרָיוֹן וַתֵּלֶד בֵּן׃ וַתֹּאמַרְנָה הַנָּשִׁים אֶל־נָעֳמִי בָּרוּךְ
יְהוָה אֲשֶׁר לֹא הִשְׁבִּית לָךְ[1] גֹּאֵל הַיּוֹם וְיִקָּרֵא שְׁמוֹ
15 בְּיִשְׂרָאֵל׃ וְהָיָה לָךְ לְמֵשִׁיב[1] נֶפֶשׁ וּלְכַלְכֵּל אֶת־שֵׂיבָתֵךְ
כִּי כַלָּתֵךְ אֲשֶׁר־אֲהֵבַתֶךְ יְלָדַתּוּ אֲשֶׁר־הִיא[2] טוֹבָה לָךְ

8 [1] Gr + καὶ ἔδωκεν αὐτῷ; frt. l. וַיִּתֵּן לוֹ ‖ 9 [1] frt. l. וּלְכָל־ cum 1 ms. | [2] § 112 *f* ‖ 11 [1] frt. l. cum Gr: וַיֹּאמֶר כל־העם אשר בשער עדים והזקנים אָמְרוּ | [2] frt. l. קְנֵה vel קְנֵא ‖ 14 [1] frt. l. לַמֵּת ‖ 15 [1] § 31 *c* | [2] § 158 *g* ‖

16 מִשִּׁבְעָה בָּנִים׃ וַתִּקַּח נָעֳמִי אֶת־הַיֶּלֶד וַתְּשִׁתֵהוּ בְחֵיקָהּ
17 וַתְּהִי־לוֹ לְאֹמֶנֶת׃ [1]וַתִּקְרֶאנָה לוֹ הַשְּׁכֵנוֹת שֵׁם לֵאמֹר
יֻלַּד־בֵּן לְנָעֳמִי וַתִּקְרֶאנָה[1] שְׁמוֹ עוֹבֵד הוּא אֲבִי־יִשַׁי
אֲבִי דָוִד׃ פ
18 וְאֵלֶּה תּוֹלְדוֹת פָּרֶץ פֶּרֶץ הוֹלִיד אֶת־חֶצְרוֹן׃
19 וְחֶצְרוֹן הוֹלִיד אֶת־רָם וְרָם הוֹלִיד אֶת־עַמִּינָדָב׃
20 וְעַמִּינָדָב הוֹלִיד אֶת־נַחְשׁוֹן וְנַחְשׁוֹן הוֹלִיד אֶת־שַׂלְמָה[1]׃
21 וְשַׂלְמוֹן[1] הוֹלִיד אֶת־בֹּעַז וּבֹעַז הוֹלִיד אֶת־עוֹבֵד׃
22 וְעֹבֵד הוֹלִיד אֶת־יִשָׁי וְיִשַׁי הוֹלִיד אֶת־דָּוִד׃

17 [1] frt. l. וַתֹּאמַרְנָה השכנות ילד בן לנעמי וַתִּקְרָא שמו עובד; cf. Pš ‖ 20-21 [1] l. bis שַׂלְמוֹן aut bis שַׂלְמָה cum aliquot mss.

SIGLA ET COMPENDIA:

A   Codex Gr. Alexandrinus.
B   Codex Gr. Vaticanus.
Gr   Graeca versio LXX interpretum.
K   Ketīb.
Pš   Syriaca versio Pešitto.
Q   Qerē.
TM   Textus masoreticus.
Vg   Vulgata.
add.   adde, addendum.
cf.   confer.
del.   dele, delendum.
frt.   fortasse.
l.   lege, legendum.
ms.   codex manuscriptus.
mss.   codices manuscripti
v.   versus.
+   plus.
§   remittit ad paragraphum (§) libri: P. Joüon, *Grammaire de l'hébreu biblique* (1923).

(Lectiones coniecturales, in notis criticis admissae, in commentario: P. Joüon, *Ruth, Commentaire philologique et exégétique* [1924] illustrantur).